mit
Peggy
und
Peek

Weitere Informationen zu Peggy und Peek finden Sie auf der Website
www.peggyundpeek.de
Hier können Sie Malvorlagen zu Peggy und Peek und pädagogische Hinweise zum Einsatz der Lieder herunterladen. Wenn Sie den untenstehenden Code eingeben, können Sie die Noten zu den Liedern in diesem Buch herunterladen oder eine MP3-Datei mit allen Liedern:
P6n34MXc5

Michaela Sangl · Janet Channon · Wendy Jensen

Das Early English Kinderliederbuch

mit Peggy und Peek

GABRIEL

Inhalt

Fancy Dance

I can stamp my **feet**,
I can wriggle my **thumb**,
I can pat my **cheeks**,
I can rub my **tum**,
I can reach up high,
I can clap my **hands**,
I can wink one **eye**,
And do the fancy dance.

Fancy dance wriggle,
Fancy dance move,
Fancy dance squiggle,
Fancy dance groove,
Wriggle from the bottom,
Wriggle to the top,
Fancy dance wriggle and
Fancy dance stop!

Das Lied wird zweimal wiederholt.

- Stampf mit den Füßen auf.
- Wackle mit einem Daumen.
- Klopf deine Wangen ganz leicht.
- Reib deinen Bauch.
- Streck dich zur Decke.
- Klatsch in die Hände.
- Zwinkre mit einem Auge.
- Tanz so, wie es dir am meisten Spaß macht.
- Bleib ganz plötzlich stocksteif stehen.

Gute-Laune-Tanz

Ich kann mit meinen Füßen stampfen,
Ich kann mit meinem Daumen wackeln,
Ich kann leicht auf meine Wangen klopfen,
Ich kann meinen Bauch* reiben,
Ich kann mich groß machen,
Ich kann in meine Hände klatschen,
Ich kann mit einem Auge zwinkern,
Und den Gute-Laune-Tanz tanzen.

Gute-Laune-Tanz, beweg dich wie eine Schlange,
Gute-Laune-Tanz, bewege dich,
Gute-Laune-Tanz, winde dich,
Gute-Laune-Tanz, hab Spaß,
Beweg dich wie eine Schlange vom Boden zur Decke,
Schlängle dich so weit nach oben wie möglich,
Gute-Laune-Tanz, beweg dich wie eine Schlange und
Gute-Laune-Tanz, stopp!

* „tum“ Kurzform von „tummy“

Mrs Bunny

Mrs Bunny looks funny
When she twitches her **nose**,
Mrs Bunny looks funny
When she wriggles her **toes**,
Two floppy **ears** and
Two big **feet**,
I love Mrs Bunny 'cause
She's so neat.

Mrs Bunny stretches,
Mrs Bunny flops,
Mrs Bunny hops and hops and hops and
Mrs Bunny hops and stops.

Das Lied wird zweimal wiederholt.

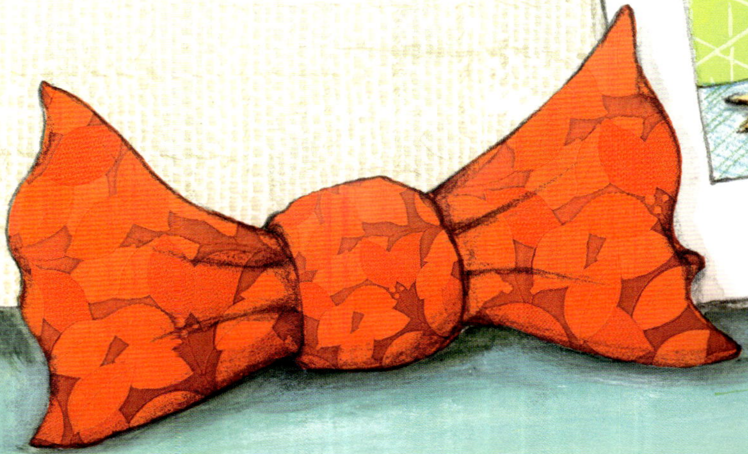

Frau Hase

Frau Hase sieht lustig aus,
Wenn sie ihre Nase kraus zieht*,
Frau Hase sieht lustig aus,
Wenn sie mit ihren Zehen wackelt,
Zwei Schlappohren und
Zwei große Füße,
Ich liebe Frau Hase, denn**
Sie ist so hübsch.

Frau Hase streckt sich,
Frau Hase lässt sich nach vorn fallen,
Frau Hase hopst und hopst und hopst und
Frau Hase und hopst und stoppt.

*„twitch“ wörtlich „zucken“

** „'cause“ Kurzform von „because“

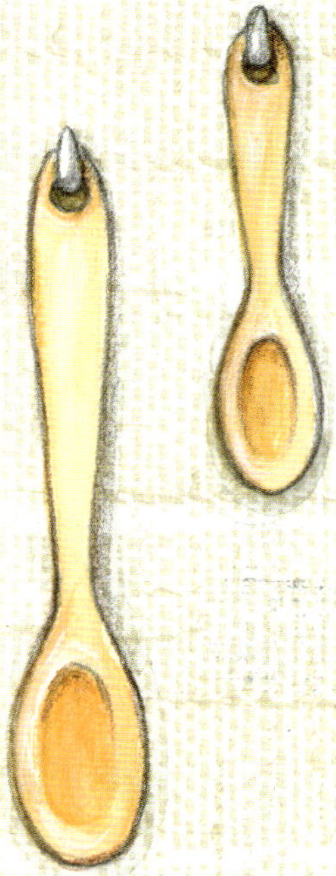

- Zieh deine Nase kraus.
- Wackle mit den Zehen.
- Halte deine Hände wie Schlappohren an den Kopf.
- Zeig auf deine Füße.
- Streck dich bis zur Decke.
- Lass deinen Oberkörper locker nach vorn fallen.
- Hops durch den Raum wie ein Hase.
- Bleib ganz plötzlich stocksteif stehen.

Tightrope Fun

Walking on my tightrope,
Must keep my **balance** as I'm
High up in the air,
Backwards on my tightrope,
Must keep my **balance** as I
Walk from here to there.

Jump, jump, jump on my tightrope,
Balance on one leg,
Hop, hop, hop on my tightrope,
Touch my **toes** and begin again.

Tiptoe on my tightrope,
Must keep my **balance** as I'm
High up in the air,
Backwards on my tightrope,
Must keep my **balance** as I
Walk from here to there.

Jump, jump, jump on my tightrope ...

Heels on my tightrope,
Must keep my **balance** as I'm
High up in the air,
Backwards on my tightrope,
Must keep my **balance** as I
Walk from here to there.

Jump, jump, jump on my tightrope ...

Knees bent on my tightrope,
Must keep my **balance** as I'm
High up in the air,
Backwards on my tightrope,
Must keep my **balance** as I
Walk from here to there.

Jump, jump, jump on my tightrope ...

Walking on my tightrope ...

Spaß mit dem Seil

Ich gehe auf meinem Seil,
Ich muss das Gleichgewicht halten, während ich
Hoch oben in der Luft bin,
Ich gehe rückwärts auf meinem Seil,
Ich muss das Gleichgewicht halten, während ich
Von hier nach dort gehe.

Ich springe, springe, springe auf meinem Seil,
Ich balanciere auf einem Bein,
Ich hüpfe, hüpfe, hüpfe auf meinem Seil,
Ich berühre meine Zehen und beginne von vorn.

Ich laufe auf Zehenspitzen auf meinem Seil,
Ich muss das Gleichgewicht halten, während ich
Hoch oben in der Luft bin,
Ich gehe rückwärts auf meinem Seil,
Ich muss das Gleichgewicht halten, während ich
Von hier nach dort gehe.

Ich springe, springe, springe auf meinem Seil ...

Ich laufe auf den Fersen auf meinem Seil,
Ich muss das Gleichgewicht halten, während ich
Hoch oben in der Luft bin,
Ich gehe rückwärts auf meinem Seil,
Ich muss das Gleichgewicht halten, während ich
Von hier nach dort gehe.

Ich springe, springe, springe auf meinem Seil ...

Ich beuge die Knie auf meinem Seil,
Ich muss das Gleichgewicht halten, während ich
Hoch oben in der Luft bin,
Ich gehe rückwärts auf meinem Seil,
Ich muss das Gleichgewicht halten, während ich
Von hier nach dort gehe.

Ich springe, springe, springe auf meinem Seil ...

Ich gehe auf meinem Seil ...

Stell dir vor, es liegt ein Seil auf dem Boden. Tu so, als würdest du auf dem Seil balancieren und mach die Bewegungen nach, wenn sie im Lied vorkommen: Laufe auf den Zehenspitzen, auf den Fersen, mit gebeugten Knien vorwärts und rückwärts.

Hüpf auf und ab, mal auf einem Bein, mal auf zwei Beinen.

Floppy Old Clown

Here comes a **floppy old clown**
With **floppy arms and legs**,
He waves his **arms**
And he nods his **head**.
His **fingers** are loose
And so are his **shoes**,
And this is what the **old clown** says:
"I can walk forward and I can walk back,
Then I turn around and I clap, clap, clap.
I can walk forward and I can walk back,
Then I turn around and I clap, clap, clap."

Here comes **Pinocchio**
With **stiff arms and legs**,
He waves his **arms**
And he nods his **head**.
His **fingers** are glued
And so are his **shoes**,
And this is what **Pinocchio** says:
"I can walk forward and I can walk back,
Then I turn around and I clap, clap, clap.
I can walk forward and I can walk back,
Then I turn around and I clap, clap, clap."

Das Lied wird einmal wiederholt.

Stell dir vor, du bist eine biegsame Stoffpuppe. Beweg dich mit schlenkernden Armen und Beinen vorwärts, wink mit den Armen und nick mit dem Kopf.

Lauf vorwärts, rückwärts und klatsch in die Hände.

Jetzt stell dir vor, du bist eine starre Holzpuppe. Beweg dich mit steifen Armen und Beinen vorwärts, wink mit den Armen und nick mit dem Kopf.

Der alte Schlenkerclown

Hier kommt ein alter Schenkerclown,
Mit schlenkernden Armen und Beinen,
Er winkt mit den Armen
Und er nickt mit dem Kopf.
Seine Finger sind beweglich*,
Genau wie die Füße in seinen Schuhen,
Und das sagt der alte Clown:
„Ich kann vorwärtslaufen und ich kann rückwärtslaufen**,
Dann drehe ich mich herum und klatsche, klatsche, klatsche.
Ich kann vorwärtslaufen und ich kann rückwärtslaufen,
Dann drehe ich mich herum und klatsche, klatsche, klatsche.“

Hier kommt Pinocchio,
Mit steifen Armen und Beinen,
Er winkt mit den Armen
Und er nickt mit dem Kopf.
Seine Finger sind steif***,
Genau wie die Füße in seinen Schuhen,
Und das sagt Pinocchio:
„Ich kann vorwärtslaufen und ich kann rückwärtslaufen,
Dann drehe ich mich herum und klatsche, klatsche, klatsche.
Ich kann vorwärtslaufen und ich kann rückwärtslaufen,
Dann drehe ich mich herum und klatsche, klatsche, klatsche.“

* *„loose“ wörtlich „locker“*
** *„walk forward/walk back“ wörtlich „hin-/zurücklaufen“; „walk forwards/walk backwards“ wörtlich „vorwärts-/rückwärtslaufen“*
*** *„glued“ wörtlich „verklebt“*

Crossing the Road

Look this way, look that way,
Listen, listen,
Look this way, look that way,
Cross when the **road** is clear.

I'm jogging round my **neighbourhood**,
Jogging makes me feel so good,
Jogging to the **corner**
And at the **corner** I stop.

Look this way ...

I'm skipping round my **neighbourhood**,
Skipping makes me feel so good,
Skipping to the **corner**
And at the **corner** I stop.

Look this way ...

Schau aufmerksam nach links, rechts und wieder links, als würdest du eine Straße überqueren.

Halt eine Hand ans Ohr und hör gut hin, ob ein Auto kommt.

Lauf und hops durch die Gegend.

Bleib plötzlich stocksteif stehen.

Über die Straße gehen

Ich schau nach hier, ich schau nach dort*,
Hör hin, Hör hin,
Ich schau nach hier, ich schau nach dort,
Ich überquere die Straße, wenn sie frei ist.

Ich lauf durch die Nachbarschaft,
Beim Laufen fühl ich mich gut,
Ich lauf bis zur Ecke
Und an der Ecke halte ich an.

Ich schau nach hier …

Ich hopse durch die Nachbarschaft,
Beim Hopsen fühl ich mich gut,
Ich hopse bis zur Ecke
Und an der Ecke halte ich an.

Ich schau nach hier …

**In Großbritannien und in manchen anderen Ländern fahren die Autos nicht auf der rechten, sondern auf der linken Straßenseite. Deshalb muss man dort zuerst nach rechts schauen, dann nach links und am Schluss wieder nach rechts. Üb es aber als „links, rechts, links", weil du in Deutschland lebst.*

Stripy Tiger

Stripy tiger creeps through the grass,
Creep, creep, his silent feet pass,
Stripy tiger creeps through the grass,
Creep, creep, creep.

He has stripes around this leg and stripes around that,
Stripes on his belly and stripes on his back,
Stripes, stripes, stripes all the way to his paws,
And stripes, stripes, stripes by his sharp, sharp claws.

Spotty leopard creeps through the grass,
Creep, creep, his silent feet pass,
Spotty leopard creeps through the grass,
Creep, creep, creep.

He has spots on this leg and spots on that,
Spots on his belly and spots on his back,
Spots, spots, spots all the way to his paws,
And spots, spots, spots by his sharp, sharp claws.

Gestreifter Tiger

Gestreifter Tiger schleicht durch das Gras,
Schleich, schleich, schleicht lautlos vorbei,
Gestreifter Tiger schleicht durch das Gras,
Schleich, schleich, schleich.

Er hat Streifen auf dem einen Bein
Und Streifen auf dem anderen,
Streifen auf seinem Bauch
Und Streifen auf seinem Rücken,
Streifen, Streifen, Streifen
Bis hinunter zu seinen Pfoten,
Und Streifen, Streifen, Streifen
Neben seinen scharfen, scharfen Krallen.

Gepunkteter Leopard schleicht durch das Gras,
Schleich, schleich, schleicht lautlos vorbei,
Gepunkteter Leopard schleicht durch das Gras,
Schleich, schleich, schleich.

Er hat Punkte auf dem einen Bein
Und Punkte auf dem anderen,
Punkte auf seinem Bauch
Und Punkte auf seinem Rücken,
Punkte, Punkte, Punkte
Bis hinunter zu seinen Pfoten,
Und Punkte, Punkte, Punkte
Neben seinen scharfen, scharfen Krallen.

Schleich durch den Raum wie ein Tiger oder ein Leopard.

Zeig mit deinen Fingern, wo deine Streifen sind.

Zeig mit deinen Fingern, wo deine Punkte sind.

I'm building a House

I'm building a **house** with **walls** and a **floor**,
Two great big **windows** and one great big **door**.
I'm building a **house** with a **roof** made of slate,
A long garden **path** and a big garden **gate**.

Here's what I'll put inside it:
A warm cosy **bed** for resting my head ...
That's what I'll put inside it.

I'm building a **house** ...

Here's what I'll put inside it:
A **tap** and a **sink** for making a drink ...
A warm, cosy **bed** for resting my head,
That's what I'll put inside it.

I'm building a **house** ...

Here's what I'll put inside it:
An **apple** and a **plum** to fill up my tum ...
A **tap** and a **sink** for making a drink,
A warm, cosy **bed** for resting my head,
That's what I'll put inside it.

I'm building a **house** ...

Here's what I'll put inside it:
A **dog** and a **cat** to love and to pat ...
An **apple** and a **plum** to fill up my tum,
A **tap** and a **sink** for making a drink,
A warm, cosy **bed** for resting my head,
That's whct I'll put inside it.

Ich bau ein Haus

Ich bau ein Haus
Mit Wänden und einem Boden,
Zwei großen, breiten Fenstern und
Einer großen, breiten Tür.
Ich bau ein Haus
Mit einem Dach aus Schiefer,
Einem langen Gartenweg
Und einem breiten Gartentor.

Und das kommt hinein:*
Ein warmes, gemütliches Bett, um meinen Kopf auszuruhen …
Das kommt in das Haus hinein*.

Ich bau ein Haus …

Und das kommt hinein:
Ein Wasserhahn und ein Spülbecken, um mir etwas zu trinken zu machen …
Ein warmes, gemütliches Bett …
Das kommt in das Haus hinein.

Ich bau ein Haus …

Und das kommt hinein:
Ein Apfel und eine Pflaume, um mir den Bauch** zu füllen …
Ein Wasserhahn und ein Spülbecken …
Ein warmes, gemütliches Bett …
Das kommt in das Haus hinein.

Ich bau ein Haus …

Und das kommt hinein:
Ein Hund und eine Katze zum Liebhaben und Streicheln …
Ein Apfel und eine Pflaume …
Ein Wasserhahn und ein Spülbecken …
Ein warmes, gemütliches Bett …
Das kommt in das Haus hinein.

* Wörtlich heißt der Satz: „Das ist, was ich in es hineinstellen werde."
** „tum" Kurzform von „tummy"

- Zeig auf die Wände und den Boden.
- Mach mit beiden Händen eine Bewegung, als würdest du ein Fenster öffnen.
- Öffne im Spiel mit einer Hand eine Tür oder ein Gartentor.
- Forme mit Händen und Armen ein Dach.
- Leg deinen Kopf auf deine Hände, als wären sie ein Kissen.
- Beweg deine Finger wie Wasser von oben nach unten.
- Iss im Spiel ein Stück Apfel.
- Beweg deine Hand, als würdest du ein Tier streicheln.

Break Out!

Break out! Get off your **seat**.
Break out! Get on your **feet**.
Break out! Let's feel the beat and
Turn, turn, turn, turn.
Break out! Move your body.
Break out! Everybody.
Break out! Use your body and
Turn, turn, turn, turn.

Can you jump, jump? Don't be late,
Jump, jump, elevate,
Jump, jump, everywhere,
Jump, jump, **feet in the air**.
Can you pat, pat on the beat?
Pat, pat, **hands** or **feet**,
Pat, pat, a combination,
Pat, pat, a new sensation.

Break out! ...

Can you jump, jump? Don't be late ...

Stretch out, stretch out, bend,
Stretch out right to the end then bend,
Stretch out, stretch out, bend,
Hold it.

Break out! ... Break out!

- Mach dich so klein, wie du kannst. Dann spring so weit du kannst nach oben.
- Dreh dich im Kreis.
- Spring im Takt auf und ab.
- Klopf den Takt auf deinen Knien mit.
- Streck dich erst zur Decke, dann beug dich nach unten bis zum Boden.
- Bleib in der Position, in der du dich gerade befindest.

Lass alles raus!

Lass alles raus!* Steh auf von deinem Stuhl.
Lass alles raus! Stell dich auf deine Füße.
Lass alles raus! Spür den Rhythmus und
Dreh dich, dreh dich, dreh dich, dreh dich.
Lass alles raus! Beweg deinen Körper.
Lass alles raus! Alle zusammen.
Lass alles raus! Setz deinen Körper ein und
Dreh dich, dreh dich, dreh dich, dreh dich.

Kannst du springen, springen? Sei nicht zu spät,
Spring, Spring, erheb dich.
Spring, spring, überall hin,
Spring, spring, Füße in die Luft.
Kannst du im Takt klopfen, klopfen?
Klopf, klopf, mit Händen oder Füßen,
Klopf, klopf, eine Kombination,
Klopf, klopf, ein neues Gefühl.

Lass alles raus! ...

Kannst du springen, springen? Sei nicht zu spät ...

Streck dich, streck dich, beug dich,
Streck dich, bis es nicht mehr geht, dann beug dich,
Streck dich, streck dich, beug dich,
Bleib so.

Lass alles raus! ... Lass alles raus!

*wörtlich: „Brich aus"

I want to be your Friend

I want to be your friend,
And twist around with you,
I want to be your friend,
And bounce around with you,
I want to be your friend,
And twist around with you,
I want to be your friend,
And bounce around with you.

We can walk and talk all day,
Walking, talking, what do you say?
We can walk and talk all day,
You and I are friends.

Das Lied wird eineinhalbmal wiederholt.

Ich will dein Freund sein

Ich will dein Freund sein,
Und mich mit dir zusammen drehen,
Ich will dein Freund sein,
Und mit dir zusammen herumhüpfen,
Ich will dein Freund sein,
Und mich mit dir zusammen drehen,
Ich will dein Freund sein,
Und mit dir zusammen herumhüpfen.

Wir können den ganzen Tag herumlaufen und reden,
Gehen, reden, was sagst du dazu?
Wir können den ganzen Tag herumlaufen und reden,
Du und ich, wir sind Freunde.

- Dreht euch zusammen im Kreis.
- Hüpft zusammen durch den Raum.
- Stolziert zusammen durch den Raum.
- Schlag mit den Händen in die Hände deines Freundes ein.

Rainbow Lunch

There's a **rainbow** in my lunch,
All the colours I can munch,
Rainbow colours,
Rainbow colours,
Rainbow colours in my lunch.

Red tomato,
Orange carrot,
Yellow banana,
Green celery,
Blueberries,
Purple grapes,
A **rainbow** for eating,
A **rainbow** for me.

Das Lied wird eineinhalb-mal wiederholt.

Regenbogen-Mittagessen

Da ist ein Regenbogen in meinem Mittagessen,
All die Farben, die ich mampfen kann,
Regenbogenfarben,
Regenbogenfarben,
Regenbogenfarben in meinem Mittagessen.

Rote Tomate,
Orangefarbene Karotte,
Gelbe Banane,
Grüner Sellerie,
Blaubeeren,
Violette Trauben,
Ein Regenbogen zum Essen,
Ein Regenbogen für mich.

Klopf den Rhythmus auf deinen Knien mit.

Zeig auf das Obst und Gemüse im Buch,
wenn du es im Lied hörst.

I can do it!

I can hop on one foot
And you didn't think I could,
I can hop on one foot
And I'm looking really good.
I can change to the other,
Tell my father, tell my mother,
I change to the other,
Tell my sister and my brother.

I can do it! I can do it!
I can do it! I can do it!

I can stop on one foot
And you didn't think I could,
I can stop on one foot
And I'm looking really good.
I can change to the other,
Tell my father, tell my mother,
I change to the other,
Tell my sister and my brother.

I can do it! I can do it!
I can do it! I can do it!

I can hop on one foot
And you didn't think I could,
I can hop on one foot
And I'm looking really good ...

I can do it! I can do it!

Hüpf erst auf dem einen Fuß und dann auf dem anderen Fuß im Rhythmus der Musik.

Bleib erst auf dem einen Fuß stehen und halte das Gleichgewicht und dann auf dem anderen Fuß.

Ich kann das!

Ich kann auf einem Fuß hüpfen
Und du dachtest, ich könnte das nicht,
Ich kann auf einem Fuß hüpfen,
Und es sieht wirklich gut aus.
Ich kann auf den anderen wechseln,
Sag es meinem Vater, sag es meiner Mutter,
Ich wechsle auf den anderen,
Sag es meiner Schwester und meinem Bruder.

Ich kann das! Ich kann das!
Ich kann das! Ich kann das!

Ich kann auf einem Fuß stehen bleiben*,
Und du dachtest, ich könnte das nicht,
Ich kann auf einem Fuß stehen bleiben*,
Und es sieht wirklich gut aus.
Ich kann auf den anderen wechseln,
Sag es meinem Vater, sag es meiner Mutter,
Ich wechsle auf den anderen,
Sag es meiner Schwester und meinem Bruder.

Ich kann das! Ich kann das!
Ich kann das! Ich kann das!

Ich kann auf einem Fuß hüpfen
Und du dachtest, ich könnte das nicht,
Ich kann auf einem Fuß hüpfen,
Und es sieht wirklich gut aus ...

Ich kann das! Ich kann das!

*„stop“ wörtlich „stoppen“

Splish, Splash, Splosh

I'm jumping splish, splash, splosh,
In my **gumboots**,
Splish, splash, splosh,
When it rains,
I'm jumping splish, splash, splosh,
See the **water**,
Splish, splash, splosh,
Going down the **drain**.

Pitter patter, pitter patter, little **raindrops**,
Pitter patter, pitter patter, when it rains,
Pitter patter, pitter patter, see the **water**,
Pitter patter, pitter patter, down the **drain**.

But I have **boots** and a gorgeous **umbrella**,
A groovy **raincoat**, I'm a "stay dry" fella,
I have **boots** and a gorgeous **umbrella**,
A groovy **raincoat**, I'm a "stay dry" fella.

Das Lied wird eineinhalbmal wiederholt.

Plitsch, Plitsch, Platsch

Ich springe plitsch, plitsch, platsch,
In meinen Gummistiefeln,
Plitsch, plitsch, platsch,
Wenn es regnet,
Ich springe plitsch, plitsch, platsch,
Sieh das Wasser,
Plitsch, plitsch, platsch,
Fließt in den Gulli.

Prassel, prassel, prassel, prassel, kleine Regentropfen,
Prassel, prassel, prassel, prassel, wenn es regnet,
Prassel, prassel, prassel, prassel, sieh das Wasser,
Prassel, prassel, prassel, prassel, fließt in den Gulli.

Aber ich habe Stiefel und einen wunderschönen Regenschirm,
Einen tollen Regenmantel, ich bleibe trocken*,
Ich habe Stiefel und einen wunderschönen Regenschirm,
Einen tollen Regenmantel, ich bleibe trocken.

* „fella“ heißt eigentlich „fellow“ und bedeutet wörtlich „Kumpel“

- Beweg deine Hände so, als würdest du dir Gummistiefel anziehen und spring im Spiel in Pfützen.
- Beweg deine Finger wie Regen von oben nach unten oder trommle mit den Fingern auf deine Knie.
- Beweg deine Hand, als würdest du einen Regenschirm halten, und gehe damit im Raum herum.

Yahoo, Hooray

Yahoo, yahoo, hurray, hurray,
It's going to be a sunny day,
I can go outside to play,
Hurray, hurray, hurray.

What shall I do outside in the **sun**?
Climb a **tree**, that will be fun,
Climb a **tree**, that will be fun,
Hurray, hurray, hurray.

Yahoo, yahoo, hurray, hurray ...

What shall I do outside in the **sun**?
Ride my **bike**, that will be fun,
Ride my **bike**, that will be fun,
Hurray, hurray, hurray.

Yahoo, yahoo, hurray, hurray ...

What shall I do outside in the **sun**?
Throw a **ball**, that will be fun,
Throw a **ball**, that will be fun,
Hurray, hurray, hurray.

Yahoo, yahoo, hurray, hurray ...

What shall I do outside in the **sun**?
Bounce on the **tramp**, that will be fun,
Bounce on the **tramp**, that will be fun,
Hurray, hurray, hurray.

Yahoo, yahoo, hurray, hurray ...

What shall I do outside in the **sun**?
Sleep in the **shade**, that will be fun,
Sleep in the **shade**, that will be fun,
Hurray, hurray, hurray.

Juchhu, Hurra

Juchhu, juchhu, hurra, hurra,
Es wird ein sonniger Tag,
Ich kann nach draußen gehen zum Spielen,
Hurra, hurra, hurra.

Was soll ich tun draußen in der Sonne?
Auf einen Baum klettern, das wird Spaß machen,
Auf einen Baum klettern, das wird Spaß machen,
Hurra, hurra, hurra.

Juchhu, juchhu, hurra, hurra …

Was soll ich tun draußen in der Sonne?
Mit meinem Fahrrad fahren, das wird Spaß machen,
Mit meinem Fahrrad fahren, das wird Spaß machen,
Hurra, hurra, hurra.

Juchhu, juchhu, hurra, hurra …

Was soll ich tun draußen in der Sonne?
Einen Ball werfen, das wird Spaß machen,
Einen Ball werfen, das wird Spaß machen.
Hurra, hurra, hurra.

Juchhhu, juchhu, hurra, hurra …

Was soll ich tun draußen in der Sonne?
Auf dem Trampolin springen, das wird Spaß machen,
Auf dem Trampolin springen, das wird Spaß machen,
Hurra, hurra, hurra.

Juchhu, juchhu, hurra, hurra …

Was soll ich tun draußen in der Sonne?
Im Schatten schlafen, das wird Spaß machen,
Im Schatten schlafen, das wird Spaß machen,
Hurra, hurra, hurra.

- Hüpf im Raum umher, mal auf zwei Beinen, mal nur auf einem.
- Klettre im Spiel auf einen Baum.
- Leg dich auf den Rücken und strample mit den Beinen, als würdest du Fahrrad fahren.
- Wirf im Spiel einen Ball.
- Spring so hoch du kannst.
- Lege den Kopf auf deine Hände, als wären sie ein Kissen.

Tiny Turtles

One tiny turtle
Sitting on a **rock**, drying in the **sun**.
One tiny turtle,
Waiting for some friends to come.

Here comes another one,
Climbing up high,
Looking for a place in the **sun** to dry.
How many turtles?
Can you count them with me?
One, two turtles I see.

Two tiny turtles ...
One, two, three turtles I see.

Three tiny turtles ...
One, two, three, four turtles I see.

Four tiny turtles,
Getting very hot, sitting in the **sun**.
Four tiny turtles,
Back into the **water** they run.
How many turtles?
Four, three, two, one, none!

Klitzekleine Schildkröten

Eine klitzekleine Schildkröte
Sitzt auf einem Felsen, trocknet in der Sonne.
Eine klitzekleine Schildkröte
Wartet auf einige Freunde, die noch kommen.

Hier kommt noch eine,
Klettert nach oben,
Sucht nach einem Platz in der Sonne,
Um trocken zu werden.
Wie viele Schildkröten?
Kannst du sie mit mir zählen?
Eins, zwei Schildkröten sehe ich.

Zwei klitzekleine Schildkröten ...
Eins, zwei, drei Schildkröten sehe ich.

Drei klitzekleine Schildkröten ...
Eins, zwei, drei, vier Schildkröten sehe ich.

Vier klitzekleinen Schildkröten
Wird es ziemlich heiß, sitzen in der Sonne.
Vier klitzekleine Schildkröten
Rennen zurück ins Wasser.
Wie viele Schildkröten?
Vier, drei, zwei, eine, keine!

Mach eine Faust und stell dir vor, sie sei ein Felsen. Leg mit der anderen Hand jeweils einen Finger für eine Schildkröte auf die Faust. Zähl die Schildkröten, wenn sie im Lied vorkommen – und wieder verschwinden.

It's a Parade

It's a parade, it's a parade,
Marching girls with marching feet,
See them marching down the street,
Music sounding very grand,
Listen to the marching band.

I can hear the big **drum**.
Can you hear the big **drum**?
I can hear the **woodblock**.
Can you hear the **woodblock**?

It's a parade, it's a parade ...

I can hear the **guiro**.
Can you hear the **guiro**?
I can hear the **shaker**.
Can you hear the **shaker**?

It's a parade, it's a parade ...

I can hear the **woodblock**.
Can you hear the **woodblock**?
I can hear the **guiro**.
Can you hear the **guiro**?

It's a parade, it's a parade ...

I can hear the **shaker**.
Can you hear the **shaker**?
I can hear the big **drum**.
Can you hear the big **drum**?

It's a parade, it's a parade ...

Eine Parade

Marschier im Raum herum.

Tu so, als würdest du das Instrument spielen, das gerade im Lied vorkommt: die große Trommel, die Holzblocktrommel, den Guiro und die Rassel.

Eine Parade, eine Parade,
Marschierende Mädchen mit marschierenden Füßen,
Schau, sie marschieren die Straße hinunter,
Die Musik klingt ganz prächtig,
Hör der Marschkapelle zu.

Ich kann die große Trommel hören.
Kannst du die große Trommel hören?
Ich kann die Holzblocktrommel hören.
Kannst du die Holzblocktrommel hören?

Eine Parade, eine Parade …

Ich kann den Guiro hören.
Kannst du den Guiro hören?
Ich kann die Rassel hören.
Kannst du die Rassel hören?

Eine Parade, eine Parade …

Ich kann die Holzblocktrommel hören.
Kannst du die Holzblocktrommel hören?
Ich kann den Guiro hören.
Kannst du den Guiro hören?

Eine Parade, eine Parade …

Ich kann die Rassel hören,
Kannst du die Rassel hören?
Ich kann die große Trommel hören.
Kannst du die große Trommel hören?

Eine Parade, eine Parade …

Pukeko Stomp

Step to the **left** and step to the **right**,
Flap your **arms** with all of your might,
Wobble your **knees** and flap your **wings**,
Pukeko dances, Pukeko sings.

Let's bop around to the Pukeko Stomp,
Bop till you drop around the **swamp**,
Bop around to the Pukeko Stomp,
Wobble, wobble, flap, flap,
Stomp, stomp, stomp.

Let's bop around to the Pukeko Stomp …

Das Lied wird zweimal wiederholt.

- Geh einen Schritt nach links und einen Schritt nach rechts.
- Breite deine Arme wie Flügel aus und beweg sie auf und ab.
- Wackle mit deinen Vogelbeinen nach innen und nach außen.
- Hüpf herum, schlag gleichzeitig mit deinen Flügeln und stampf zum Schluss mit den Füßen auf.

Pukeko-Tanz

Mach einen Schritt nach links und mach einen Schritt nach rechts,
Flattre mit deinen Armen, so fest, wie du kannst,
Wackle mit deinen Knien und schlag mit deinen Flügeln,
Pukeko tanzt, Pukeko singt.

Lass uns herumhüpfen zum Pukeko-Tanz,
Im Sumpf herumspringen bis zum Umfallen,
Herumhüpfen zum Pukeko-Tanz,
Wackel, wackel, flatter, flatter,
Stampf, stampf, stampf.

Lass uns herumhüpfen zum Pukeko-Tanz ...

When is your Birthday?

When is your birthday?
It's your special day,
When is your birthday?
Jump up when we say,
When is your birthday?
A day full of fun,
When is your birthday?
We all have one.

January, February, March, April,
May, June, July, August,
We're already past half way,
September, October,
The end is coming near,
November, December,
It's the end of the year.

When is your birthday?
It's your special day,
When is your birthday?
Jump down when we say,
When is your birthday?
A day full of fun,
When is your birthday?
We all have one.

January ...

When is your birthday ...

January ...

- Klopf den Rhythmus auf deinem Knie und anderen Stellen deines Körpers mit.
- Spring hoch oder spring in die Hocke, wenn du deinen Geburtstagsmonat im Lied hörst.

Wann ist dein Geburtstag?

Wann ist dein Geburtstag?
Es ist dein besonderer Tag.
Wann ist dein Geburtstag?
Spring hoch, wenn wir es sagen.
Wann ist dein Geburtstag?
Ein Tag voller Spaß.
Wann ist dein Geburtstag?
Wir haben alle einen.

Januar, Februar, März, April,
Mai, Juni, Juli, August,
Wir haben schon mehr als die Hälfte,
September, Oktober,
Das Ende kommt näher,
November, Dezember,
Das ist das Ende des Jahres.

Wann ist dein Geburtstag?
Es ist dein besonderer Tag.
Wann ist dein Geburtstag?
Spring in die Hocke, wenn wir es sagen.
Wann ist dein Geburtstag?
Ein Tag voller Spaß.
Wann ist dein Geburtstag?
Wir haben alle einen.

Januar ...

Wann ist dein Geburtstag ...

Januar ...

Bright Balloon

Keep it up, bright balloon,
Keep it right up high,
Keep it up, bright balloon, in the sky.
You can pat it, you can blow it,
You can catch it, you can throw it,
Keep it up, keep it up and watch it fly.

Use my **hands**, use my **feet**,
Keep it up, this is neat,
Use my **hands**, use my **feet**, keep it high.
It's a beautiful balloon,
Keep it up in the room,
It's a beautiful balloon, watch it fly.

Catch it, squeeze it,
In between your knees,
Hold it, shake it,
Careful not to break it.
Walk it, squeeze it,
In between your knees,
Where will you take it?
Careful not to break it!

Das Lied wird eineinhalbmal wiederholt.

Blas einen Luftballon auf. Versuch ihn mithilfe deiner Hände oder Füße in der Luft zu halten. Schlag oder kick ihn in die Luft, puste ihn weg, wirf ihn hoch, fang ihn wieder auf, klemm ihn dir zwischen die Knie und versuch, damit zu laufen.

Leuchtender Luftballon

Halt ihn oben, den leuchtenden Luftballon,
Halt ihn ganz weit oben,
Halt ihn oben, den leuchtenden Luftballon, im Himmel.
Du kannst ihn wegschlagen, du kannst ihn wegpusten,
Du kannst ihn fangen, du kannst ihn werfen,
Halt ihn oben, halt ihn oben, und sieh zu, wie er fliegt.

Ich benutze meine Hände, ich benutze meine Füße,
Halt ihn oben, das ist toll,
Ich benutze meine Hände, ich benutze meine Füße,
Halt ihn oben.
Es ist ein wunderschöner Luftballon,
Halte ihn oben im Zimmer,
Es ist ein wunderschöner Luftballon,
Sieh zu, wie er fliegt.

Fang ihn, drück ihn zusammen,
Klemm ihn zwischen deinen Knien fest,
Halt ihn fest, schüttle ihn,
Sei vorsichtig, dass er nicht kaputt geht.
Geh mit ihm herum, drück ihn zusammen,
Klemm ihn zwischen deinen Knien fest,
Wohin wirst du ihn mitnehmen?
Sei vorsichtig, dass er nicht kaputt geht.

My Shadow

When you go outside and the sky is blue,
There's always someone to play with you.
Whatever you do he can do it too,
Your shadow, your shadow.

If I am **straight**,
Your shadow is **straight**,
If I am **floppy**,
Your shadow is **floppy**,
I stretch out **wide**,
I stretch out **wide**,
My shadow will copy,
Your shadow will copy,
I reach up **tall**,
I reach up **tall**,
My shadow does too,
Your shadow does too,
I slowly fall,
I slowly fall,
My shadow copies me,
Your shadow copies you.

Das Lied wird eineinhalbmal wiederholt.

Mein Schatten

Wenn du nach draußen gehst und der Himmel ist blau,
Dann ist immer jemand da, mit dem du spielen kannst.
Egal, was du tust, er kann es auch,
Dein Schatten, dein Schatten.

Wenn ich aufrecht stehe,
Steht dein Schatten aufrecht,
Wenn ich schlaff bin,
Ist dein Schatten schlaff,
Wenn ich mich strecke,
Wenn ich mich strecke,
Macht mein Schatten mich nach,
Macht dein Schatten dich nach,
Ich mache mich groß,
Ich mache mich groß,
Mein Schatten tut es auch,
Dein Schatten tut es auch,
Ich lass mich langsam fallen,
Ich lass mich langsam fallen,
Mein Schatten macht mich nach,
Dein Schatten macht dich nach.

Wenn ihr mehrere seid, macht einer die Bewegungen vor, der andere macht sie nach – wie ein Schatten. Du kannst die Bewegungen aber auch allein zur Musik machen.

Little Caterpillar

Little caterpillar crawling on a **leaf**,
Crawling on the **top** and crawling **underneath**,
Then inside his **chrysalis** caterpillar hides,
One fine day it opens, he's a **butterfly**.

Das Lied wird zweimal wiederholt.

- Form mit einer Hand ein Blatt und spiel mit dem Daumen der anderen Hand eine Raupe. Lass die Raupe auf der Blattoberseite und -unterseite kriechen.
- Form mit deinen Händen einen Kokon, in dem sich die Raupe versteckt. Öffne die Hände wieder und beweg sie wie ein Schmetterling.

Kleine Raupe

Kleine Raupe kriecht über ein Blatt,
Kriecht auf der Oberseite und kriecht unten entlang,
Dann versteckt sich die Raupe in ihrem Kokon,
Wenn er sich eines Tages öffnet, ist sie ein Schmetterling.

Was für ein Vogel ist Peek?

Peek ist ein Pukeko, auch Purpurhuhn genannt. Die in Neuseeland heimischen eigensinnigen Pukekos sind berüchtigte Kartoffeldiebe, ernähren sich aber hauptsächlich von Wasserpflanzen, Sprossen, Blüten, Blättern, Gräsern, Knollen, Samen, Fröschen, Raupen oder kleineren Eiern. Das liebevoll als „komischer Vogel“ bezeichnete Tier kann sich wegen seiner Stummelflügel nur mit Mühe in die Luft schwingen und nur kurze Strecken mit herunterbaumelnden Beinen fliegen. Danach gibt es meist eine Bruchlandung. Deshalb bewegt er sich lieber schwimmend oder laufend vorwärts.

Michaela Sangl

Die vielseitige Künstlerin aus Neuseeland mit deutschen, irischen und schottischen Wurzeln studierte zunächst Architektur an der Universität Auckland. Ihr leidenschaftliches Interesse für Sprachen und andere Kulturen führte sie an Europäische Hochschulen, die Hochschule für Angewandte Kunst in Wien, die Amerikanische Universität in Rom und die Hochschule der Künste in Berlin.
Michaela Sangl spricht fließend Englisch, Deutsch und Italienisch und hat diese Sprachen auch an ihre sechsjährige Tochter Isla durch Lieder, Spiele und Bücher weitergegeben. Hierbei machte sie die Erfahrung, wie spielerisch Kinder Sprachen durch Lieder und Bewegungen erlernen können. Als sie die Lieder der Kids Music Company kennenlernte, war es nur ein kleiner Schritt zu den charmanten Hauptfiguren Peggy und Peek und dem dazugehörigen Kinderliederbuchkonzept. Michaela Sangl lebt überwiegend in Auckland und illustriert und schreibt Kinderbücher für englischsprachige und deutsche Verlage.
www.twinkle.co.nz

Janet Channon und Wendy Jensen

Die beiden Neuseeländerinnen sind ausgebildete Musikpädagoginnen. Sie lernten sich während des Studiums für das Grundschullehramt mit Schwerpunkt Musik kennen und unterrichteten danach an verschiedenen Schulen. 1989 beschlossen sie, ihr gemeinsames Hobby zum Beruf zu machen, und gründeten die Firma Kids Music Company. Seitdem schreiben sie modern instrumentierte, mitreißende Bewegungslieder für Kinder im Kindergarten-, Vorschul- und Grundschulalter und bieten dazu Kurse an. Ihre Lieder direkt aus dem Kinderalltag sollen Kinder in der Entwicklung ihrer sprachlichen, körperlichen, sozialen, kreativen und vieler weiterer Fähigkeiten fördern. Mit ihren Kompositionen haben sie schon zahlreiche Preise gewonnen, unter anderem neun Auszeichnungen des renommierten United Kingdom's Practical Preschool Awards seit 2003. Die beiden passionierten Pädagoginnen sind verheiratet, haben zwei bzw. vier Kinder und leben in Auckland.
www.kidsmusiccompany.com

Bei Gabriel ist in dieser Reihe bereits erschienen:
Das Early English Kinderliederbuch
für 2 bis 4 Jahre

Einen herzlichen Dank an Isla, Jill und Harry Sangl, Patricia Burgetsmaier, Alissa Smith, Rachel Logie, Anja Clarissa Gilles, Alex und Mark vom Image Centre, Niklas Weiß und Katharina Ebinger.
MS

Dank an alle, die an der Produktion dieser CD mitgewirkt haben, besonders an Bruce Lynch (www.lynchmusic.co.nz) für seine beeindruckende Kreativität, Musikalität und technischen Fertigkeiten in der Produktion dieser Zusammenstellung.
Ein besonderer Dank gilt unseren Familien für ihre musikalische Unterstützung in all den Jahren.
Dank an die Sängerinnen Leah Channon, Marlece Jensen und Tessa Jensen, Mark Jensen als Männerstimme und nochmals an Leah Channon für die Mitautorenschaft bei „Sing in English" und „Break Out".
JC/WJ

Sangl, Michaela/Channon, Janet/Jensen, Wendy:
Das Early English Kinderliederbuch
ISBN 978-3-522-30233-3

Konzept, Layout, Design und Illustration: Michaela Sangl
Liedtexte und Melodien: Janet Channon und Wendy Jensen
Übersetzung der Liedtexte ins Deutsche: Nina Scheweling
Layout, Photoshop-Kollage, Typografie und Symbolgestaltung: Alissa Smith
Photoshop-Kollage und Typografie: Patricia Burgetsmaier
Schrift: Harmony, Aboutface
Herstellung: Weiß-Freiburg GmbH – Graphik & Buchgestaltung
Druck und Bindung: Tien Wah Press

5 4 3 2 1° 11 12 13 14

www.gabriel-verlag.de

CE

Sing auf Englisch
mit Peggy und Peek,
mit Peggy und Peek.
Sing auf Englisch, mit Peggy und Peek
ist es ganz leicht.
Ich beweg mich im Takt,
setze meine Hände und meine Füße ein.
Mit Peggy und Peek
macht's Spaß.
Also kommt, macht alle mit!